흘러가며
피어나는 것들

흘러가며
피어나는 것들

남창호 시집

좋은땅

시인의 말

삶의 작은 순간들 속에서
흘러가며 피어나는 아주 사소한 순간들을
조심스레 꺼내 본다.

부끄러움이 앞서지만
노을이 물든 하늘처럼 따스한 빛으로
가슴에 물들었으면 좋겠다.

2025년 여름
내성천
강변에서

남창호 삼가

차례

제1부
들꽃의 노래

들꽃의 노래 12
봄이 오는 소리 13
들판의 화가 14
봄 16
느티나무 아래에서 18
그저 살아내는 민들레 20
텃밭에서 21
흔하디흔한 꽃 22
새봄 24
상추꽃 26
왕버들나무 아래 핀 꽃 27
메타세쿼이아 나무 28
예쁜 꽃 30
자작나무 패션 31
소나무의 고집 32
가을산책 34
가을생각 36
붉은 잎 하나 똑- 37
느티나무의 말 38
기다림 40
눈과 사랑 41
나무의 사계 42

제2부
내성천 연가

내성천 연가 46

내게 찾아온 시 48

흐르는 강물처럼 50

위로 51

내성천 벚꽃 길 52

노블리아 마을의 여름 53

개미집 54

무섬마을 가는 길 56

잃어버린 내성천의 숨결 58

들녘뷰 60

내 고향 부석사 62

대자연의 힘 64

가을, 기다림 67

초록 융단의 선율 68

오후 4시 70

저녁노을 71

코스모스 길 72

가을 타나 봐 74

그리움 75

가을남자 76

겨울밤 77

겨울의 서정 78

붉은 석양 80

나의 마을 자랑 81

제3부
인생 여정

인생 여정　86

나의 길　88

첫사랑 추억　90

일요일 오후　92

모두가 흘러가도　94

인생 60이 되는 동안　95

하루 일과　96

봉정사 가는 길목에서　98

그냥 그렇다고　100

연애하기 좋은 날　102

내게 온 봄　104

얄미운 비　105

진료대기실　106

멍 때린다는 건　108

장맛비　110

비의 속삭임　112

살구꽃이 피었다　113

회상(봄, 여름, 가을, 겨울)　114

좋은 소식, 나쁜 소식　117

나뭇잎　118

시작의 중요성　119

돈　120

붓 끝에 머무는 그리움　122

제4부
폭싹 속앗수다

폭싹 속앗수다 126
아내의 힘 128
사랑 129
아내의 갱년기 130
후회 132
그리운 어머니 134
어머니의 보석함 136
딸아! 힘들지 138
식구 141
설거지론 142
시니어모델을 꿈꾸며 144
사랑의 시간 146
돈까스의 유혹 148
나이가 들수록 자주 가야 하는 곳 150
혼밥 152
청국장 비빔밥 154
사모 155
꿈을 굽는 진혁에게 156
자장면 추억 158
친구 모임 160

제1부
들꽃의 노래

바람결에 흔들리던

작은 들꽃처럼

그리움이

조용히 피어나

속삭이듯

다가온다

들꽃의 노래

아무도 부르지 않는 자리에서
고요히 피어난다

바람이 지나가며 속삭이고
햇살이 내려앉아 어루만질 때

그 향기 은은하게 퍼져
먼 길 떠나는 나그네의 마음을 적신다

누구의 손길도 닿지 않았지만
그 자리에서 묵묵히 계절을 품고 피어나며
자신만의 빛을 노래한다

눈길 한번 주지 않는 들녘이라 해도
그곳에서 피어난 한 송이의 의미는

사라지지 않는 이야기로 남아
세상 한켠을 따스하게 물들인다

봄이 오는 소리

잔설이 남은 들녘에 겨울의 마지막 숨결
산골짜기 얼음장 밑으로 돌돌돌 흐르는 물소리
봄이 오는 소리

찬바람이 따스한 햇살과 어울려 조용히 속삭이고
겨울의 끝자락, 새봄의 시작 그 경계에서
너를 생각한다

눈 녹은 들판에 새싹이 돋아나고
봄비 맞으며 나무들이 말을 할 때
이른 봄의 약속을 담아 그리움이 가득한 이 마음
니에게 닿기를 바란다

부드러운 햇살 가슴을 감싸며
살랑 부는 봄바람에 꽃향기 날릴 때면
그대 떠난 자리 아쉬워 나는 그리움을 찾으러
아지랑이 피어오르는 들녘으로 나선다

들판의 화가

들판에 스며드는 봄 빛,
부드러운 바람은 마음을 간질이고

꽃과 나무들이 고요히 꿈틀대며
삶의 노래를 다시 불러낸다

나뭇가지 사이에서 춤추는 새들
그 노랫소리에 발걸음은 가볍고

맑은 공기 속에
그리움이 날아든다

봄,
그대는 들판의 화가다

붓과 물감을 사용하지 않으면서
색을 칠하고 생명을 불어넣으며

풍경화도 그리고

정물화도 그린다

내 마음을 몽글몽글하게 만드는

최고의 화가

봄,

너를 닮고 싶다

봄

(1)
가만히 바라본다
설레며 맞이한다

조용히 오는
너는

땅속에서
시냇물 속에서

오래도록
기다렸겠지

반갑다

(2)
어차피
어찌 되었든 간에

봄은 온다
오고야 만다

겨울을 이기고
얼어붙은 단단한 마음을 털고

말랑말랑한 그리고
초록초록한 미음이 돌아온다

객지 있는 자식들 무탈하게 잘 있다고
지난밤에 전화 왔었다

봄이 와서
그냥 그저 좋다

느티나무 아래에서

김종희 미술관 앞 느티나무,
이백 해를 품고 말없이 서 있으면서

마을사람들의 그늘이 되고
비 오는 날 우산이 된다

밤이 오면
옹이 속에 집을 지은 올빼미가
조용히 얼굴을 내밀고 세상사를 내려다본다

그 눈엔 달빛이 고요히 깃들어
오가는 발걸음을 비춰 준다

나는 그 순간 시간을 바라본다

지나가는 바람에 잎새 하나 흔들릴 때마다
묵묵한 이야기들이 흘러나오고
허공 속에 스며든다

여기 느티나무 아래에 서서

나도 그 나무가 되는 듯

하늘과 땅을 잇는

존재로 서 있다

그저 살아내는 민들레

사람들 틈에 밟혀도
나는 돌아온다

익숙한 흙냄새를 따라
어디든 내 자리는 있다

뿌리가 없어도 햇빛은 나를 기억하고
바람은 다시 길을 열어 준다

누가 봐도 흔한 꽃,
그러나 흔하지 않은 용기로

길 위에, 골목 옆에, 복숭아나무 밑에도
나는 웃음을 심는다

그저 노란 꽃 하나일 뿐이지만
누군가에겐 다시 시작할 이유가
된다

텃밭에서

흙을 만지면 따뜻한 마음이 자라고
씨앗을 심으면 작은 희망이 움튼다

아침 햇살 속에 상추는 싱그럽게 미소 짓고
오이는 넝쿨 따라 꿈을 키운다

고추는 붉은 열정으로 바람에 흔들리고
토마토는 햇볕 속에서 달콤한 기다림을 품는다

매일 물을 주고 애써 풀을 뽑으며
손끝에 닿는 흙의 온기가 마음을 채운다

정성이 모여 푸르른 세상이 되고
그 속에서 하루하루 행복이 피어난다

텃밭은 단순한 땅이 아니라
사랑을 심고 희망을 가꾸는 작은 우주
그 안에서 삶은 더욱 깊어져 간다

흔하디흔한 꽃

흔하디흔한 꽃들이 길가에 물결친다
바람에 몸을 맡기고 햇살에 얼굴을 연다

해처럼 피어오르는 노란 금계국,
그 옆에 별처럼 반짝이는 하얀 개망초
세상에 조용히 물든다

풀잎을 간지럽히는 미풍 속에
꽃잎은 작은 배처럼 흔들리고
햇살은 은빛 강물처럼 흘러든다

벌 한 마리 낮은 율동을 그리며
꽃술 위에 춤추고

나비는 잔잔한 바람에 실려
노란 숲을 떠돈다

눈부시지도 않고

화려하지도 않지만

흔한 자리에서 충분히 아름다운
그 모습 그대로 빛나는 그 흐름 따라
계절 속에 스며든다

새봄

새로운 것,
새로운 계절

봄을 만나는 것은
항상 설렘의 연속

매년 이맘때
만나는 것이지만

낯설고 두려워도
그래도 참 좋은 건

벚꽃이 하얗게 날리는
길을 걷노라면

두근두근 여전히
가슴이 뛴다는 것

이게 바로

살고 있다는

아직

살 만하다는 재미

상추꽃

작은 꽃이 피었다
잎사귀 너머로 노랗게 번지는 시간

햇살은 부드럽게 감싸고
바람은 조용히 그 소식을 전한다

생각보다 소박하고 은은한 매력을 지닌 상추가
잎을 무성하게 키우다 보면

어느 순간 꽃대를 올리고
아주 작은 노란 꽃을 피운다

상추가 꽃을 피우기 시작하면
더 이상 부드러운 잎을 얻기 어렵다

상추가 피우는 꽃, 짧지만 깊은 이야기
흙이 품고 하늘이 기억한다

왕버들나무 아래 핀 꽃

성밖숲 왕버들나무 큰 그늘 아래
고요한 자리 햇살이 닿지 않는 곳에

신비로운 분위기로 조용히 피어난 보랏빛 맥문동 꽃
바람은 말을 아끼고 흙은 꽃을 품는다

화려하지 않아서 더 고운 모습으로
슬며시 피어나 마음을 물들인다

짙은 여름 속, 작은 위로 되어
잠시 앉아 쉬게 하는 그늘의 시가 된다

맥문동은 알고 있었을까!
이 작고 연약한 꽃이 누군가의 그리움이었다는 걸

그늘은 슬픔이 아닌
조용한 기다림이었다는 것을

메타세쿼이아 나무

세상에서 가장 날씬하고
키 큰 나무가 바로 너였구나

혼자 있을 때보다는 제식훈련 하는 병사들처럼
줄지어 늘어서 있으면 훨씬 더 멋있구나

침엽수면서도 상록수가 아니고
계절마다 다른 매력 뽐내다가

가을에는 붉은 듯 황금빛인 듯 다채로운 색감으로
단풍이 드는 너는 유행을 아는구나

단풍 들어 잎 떨어지고 앙상한 가지만 남을 때면
서정적인 아름다움으로 겨울 운치도 선물해 주고

10층 높이의 꼭대기에는 정교한 설계로
태풍에도 끄떡없는 전망 좋은 집을 지은

까치가 살고 있어 외롭지도 않겠구나

너는 참 멋있다

예쁜 꽃

보았다
새싹이 올라오고 있는 잔디밭에서
아주 작은 보라색 예쁜 꽃을

이름을 몰라 초록 창 네 선생에게 물어봤더니
잘 모르는지 50% 미만의 확률로
이름 몇 개를 알려 준다

까짓 거 이름을 모르면 어때
내게 웃고 있고, 내가 좋아하면
그만이지

그래서 난 그냥
예쁜 꽃이라 기억하려
한다

자작나무 패션

하얀 바지에 초록빛 셔츠를 차려입고
봄바람을 맞으며 싱그럽게 웃는다

여름이 오면 더 짙은 초록을 두르고
햇살 속에서 찬란히 빛난다

가을이 닿으면 황금빛 코트를 걸치고
바람 따라 사뿐히 춤을 춘다

겨울이 오면 하얀 외투를 걸쳐
고요한 대지 위에 우뚝 선다

자연이 지어준 맞춤옷을 입고
늘 새로운 계절을 맞이하는 자작나무,

그 멋스러움은 잘 짜여진
자연이 펼치는 한 편의 패션쇼이다

소나무의 고집

깊은 밤,
별이 숨어도 꿋꿋하게 서 있었다

산등성이 바람결마저 품으며
천년의 침묵을 초록으로 말한다

흙먼지 속에서도 말없이 자라
바윗돌 틈에도 의연히 숨을 틔웠다

그 한결같은 모습은 폭풍보다 더 큰 힘이었다
잎새 하나도 허투루 흔들리지 않고,

겨울에도 초록의 품을 지킨 단단한 고집은
우리네 삶을 닮은 뿌리가 되었다

이 땅이 울고 웃던 날에도 언제나 그 자리를 지켰고
시간은 흘러 우리는 너를 닮고 싶어 했다

꺾이지 않는 믿음,

부러지지 않는 마음을 배우고 싶었다

그리고 오늘,

다시 너를 바라본다

굳세게 그리고 흔들리되 꺾이지 않기를 바라면서

우리도 함께 자라고 있다

가을산책

길을 걷다가 수줍은 코스모스를 만났다

너를 바라보며 가만히 말을 걸어 본다
너는 말이 없지만 내 마음이 너에게 닿는 걸 느끼면서

네가 바람에 흔들리는 모습을 보면
내 심장도 따라 흔들리고

햇살을 머금은 너의 색은
마치 네가 나에게 사랑을 속삭이듯 깨끗하다

"나는 여기에 있어, 늘 너를 기다려"
네가 하는 그 말이 들리는 듯하다

그래서 또 너에게로 걷는다

누구의 기다림이었을까
이 계절마다 돌아오는 너의 그리움은

잎보다 가벼운 꽃잎 속에
지난여름의 속삭임을 품고 있었다

너를 바라보는 순간,
가을이 나에게 말을 걸었다

가을생각

 청명한 하늘, 뭉게구름 뒤로 지고 있는 서양을 보고 있으면 오래 머물지 않아 정들 겨를이 없는 가을이 왜 좋은지 새삼 느끼게 된다. 귀를 울리던 매미소리가 멀어지고 해질녘 풀벌레 소리가 제법 크게 들려온다. 진즉에 핀 코스모스는 여름내 뜨거운 햇볕에 단련되어 제법 큰 몸짓으로 바람에 흔들리고 있다. 들판에 벼들은 고개를 떨구며 황금빛으로 변해 가고 사과는 선명한 빛깔을 뽐내며 익어 간다. 어제 오후에 내린 시원한 가을비를 마신 산천의 모든 수목들은 이제 오색 단풍으로 물든 가을날을 기다리고 있다. 생각만 해도 마음이 풍성해진다. 자연의 모든 것들이 가장 향기롭고 아름다울 때가 이 가을이다. 가을볕 아래 내성천 강변에 곱게 물든 단풍과 초록의 물빛이 그려낸 색감이 더 많은 것을 생각하게 한다. 가을생각으로 마음은 더 깊어진다.

붉은 잎 하나 뚝-

저무는 햇살 아래
서쪽 산마루에 걸린 노을 하나

천천히 떠날
채비를 한다

마당 끝, 감나무에
말없이 매달린 감 몇 알

무거운 듯 가벼운 바람에도 흔들리며
내게 이어 가는 세월을 말해 준다

감과 함께 익은
붉은 잎 하나 뚝-

가을바람보다 먼저
마음이 젖는다

느티나무의 말

나는 여기에 오래 있었나
마을 어귀나 바람 부는 언덕 위에서

아이들은 내 그늘 아래에서 자라났고
어른들은 내 옹이에 기대어 긴 세월을 떠나보냈다

눈 내리는 겨울에도 꽃피는 봄날에도
나는 그저 조용히 바라보았다

깊은 숨을 쉬며 고요한 마을에 말을 건넨다
저녁노을이 서산에 걸릴 즈음 나는 눈을 뜨고

"여기서 수백 번의 봄을 보았지."
"너희 조상도, 그 조상의 조상도 내 그늘 아래서
사랑을 속삭였고 싸움을 멈추고 손을 잡았느니라."

밤이면 나는 별빛을 마시며 하늘과 속삭인다
바람은 나의 귀요, 비는 나의 눈물이다

나는 말하지 않지만 듣는다
나는 움직이지 않지만 기억한다

세월의 숨결 속에서 너희가 남긴 흔적들은
살아 숨 쉰다

그러니 지친 날, 내 곁에 와서 쉬어라
나는 너의 고요한 그늘이 되어 줄 테니

그리고 잊지 마라
그 옛날부터 이 마을을 지키고 있는 건
말없이 이 자리에 서 있는 나였다는 것을

기다림

아무 생각 없이
한 발짝도 움직이지 않고
서 있는 저 나무들도
기다리며 살아간다

맑은 햇볕을 기다리고
내리는 비를 기다리고
살며시 부는 바람도 기다리고
은은한 달빛이 있는 밤을 기다린다

알고 보면
나무나 사람이나
한평생 무언가를 기다리는 것이
삶이다

기다리다 보면
도망갔던 사랑도
다시 찾아온다

눈과 사랑

눈이 오니 세상은 하얗게 변하고
살짝 멀어졌던 사랑이 찾아오니
마음은 따스하게 물든다

눈이 쌓여 세상은 고요히 잠기고
애정이 쌓이니 서로의 마음은 깊어진다

그러나 눈은 금방 녹아 사라지고
따뜻하던 사랑도 때로는
식어 버릴 때가 있다

하지만 눈이 녹으면 봄이 오듯
식었던 사랑이 다시 피어나면
새로운 애정으로 싹틔운다

눈과 사랑은 한순간의 아름다움도
영원의 흐름 속에서 다시 찾아온
기적이니까

나무의 사계

봄이 오면 나무는
연둣빛 속삭임을 한다

햇살이 살포시 내려앉은 가지 끝에서
작은 잎들이 수줍게 고개를 든다

비가 내리면 나무는 푸름을 머금고
대지를 향해 깊이 숨을 들이쉰다

싱그러운 내음이
바람을 타고 흘러간다

여름이 다가오면 나무는
짙은 녹음을 두른다

햇살을 품고 더욱 찬란해진 잎사귀들
바람이 불면 서로를 부르며 속삭인다

봄날의 수줍음은
어느새 자신감으로 피어나고

여름의 한가운데서
눈부신 초록을 펼친다

가을바람이 불면 나무는
황금빛을 흩뿌린다

햇살 속에서 찬란히 춤추던 잎사귀들
서서히 손을 놓고 땅으로 내린다

비가 내리면 나무는 적막을 머금고
바람 따라 마지막 인사를 건넨다

앙상한 가지 사이로
하늘이 더욱 깊어신나

겨울이 다가오면 나무는
하얀 침묵을 두른다

눈꽃이 내려앉아 고요를 채우고
차가운 바람 속에서도 꿋꿋이 서 있다

가을날의 찬란함은
어느새 평온으로 스며들고

겨울의 품속에서
조용한 꿈을 꾸기 시작한다

제2부
내성천 연가

내성천의
고요한 물결 위에
마음을 띄운다

그리움은
언제나 조용히
흐르고 있다

내성천 연가

봄에는 아지랑이 피어오르고 가을이면 아침마다 몽환적인 물안개가 솜털 이불처럼 따뜻하게 감싸 주는 내성천은 그리움을 안고 있다.

어린 시절 여름밤이면 친구들과 백사장에 모여 작은 일탈로 낭만을 즐기던 곳은 무성한 갈대밭으로 변해 작은 고라니와 꿩들이 숨바꼭질하며 놀고 있다.

잠시도 제자리에 머물지 않고 흐르는 강물은 떠날 사람 미련 없이 보내고 오는 사람 정답게 맞이하는 수줍음 많은 삼강주막 주모처럼 오늘도 옛이야기 나누고자 나를 부른다.

왼쪽에서 들어와 오른쪽으로 구비 돌아 유유히 흘러가는 강물은 고깔모자 쓰고 비스듬히 미끄러지듯 내딛다가 날 듯이 긴 장삼자락을 하늘 향해 뿌리치는 승무의 춤사위와 닮아 있다.

엄마의 품속같이 따뜻한 그리움을 안고 있는 강변에는 일찍이 찾아온 철새들이 짝을 찾아 쓸쓸하게 날고 있고, 강줄기 저쪽 먼 하늘에는 노을이 연하게 물들어 있다.

내게 찾아온 시

비가 내리고 눈이 내리고
세찬 바람도 부는
겨울 강변을 바라보며
매일같이 생각에 잠긴다

그러던 어느 날,
지독한 외로움이 찾아왔다
많이 외로웠다

외로움이 지쳐
그리움을 불러왔다
외로움이 그리움을 불러올 때
그리움은 내게 시를 데려왔다

강물은 좋아서 흐르는 걸까!
바람은 왜 잡을 수 없는 걸까!
구름은 더 좋은 터를 잡으러 이곳저곳 떠다니는 걸까!
그저 그냥 흘러가는 것이 인생일까!

지나간 것은 지나갔으니 그리워하지 말고

그리움을 사랑하는 방법은 없을까

모든 것은 의문투성이고
내가 말하는 그리움이 무엇인지
아직 나는 모른다

을씨년스러운 겨울 강가에서
누군가를 부르는 바람 소리가 들리고
나의 그리움은 어디로 향하는지 물어본다

시는
삶과 죽음을 노래하게 하고
환갑이 지난 나에게
인생의 길을 알려 준다

이제는 외로움과 그리움이
가슴속으로 들어올 때
나는 시집 들고
강변으로 나선다

흐르는 강물처럼

넓게 펼쳐진 갈대밭 사이로
말없이 흐르고 있는 내성천 강물은
따뜻한 그리움이 담긴 곳.

철새들이 찾아와 쉬어 가는 평화로운 그 순간
강변에 앉아 외로움을 달래 본다

흐르는 물소리
함께 들려오는 자연의 노랫소리
허한 마음 어루만지며 그리움을 채운다

언제나 그 자리에서 흘러가는 시간을 품고
강물은 말없이 흐른다
어머니의 사랑처럼

내성천의 유유한 강물처럼
넓은 마음으로 그리운 사람들과 함께
따뜻한 정 나누고 싶다

위로

미루나무 가지에
보름달 걸어 놓고

내성천 강물 위에
꿈을 띄운다

조용한 바람은
너의 이름

바람 한 줄기에 잎새 흔들려
그리움 젖고

달빛은 조용히
내 등을 토닥인다

내성천 벚꽃 길

고즈넉한 강변 따라 벚꽃이 흐드러지게 피어난 길
바람은 꽃잎을 싣고 살랑살랑 마음을 흔든다

걸음을 옮길 때마다
분홍빛 설렘이 피어나고

자전거 두 바퀴의 노래 속엔
봄의 속삭임이 흐른다

강물은 조용히 흘러 그림 같은 하루를 담고
나는 그 속을 걸으며 봄의 한가운데를 달린다

꽃잎 흩날리는 순간 시간마저 머물러
벚꽃 길 따라 흘러가는

순간의 아름다움 속에서
오늘을 배웅한다

노블리아 마을의 여름

노블리아 마을의 여름은 푸르고 아름답다.

비가 그치고 하얀 구름 사이로 드러난 소백산은 짙은 녹색으로 성큼 다가오고, 불어난 내성천의 푸른 강물은 유유히 흘러가고 있다.

뭉게구름 사이로 펼쳐지는 노블리아 마을의 석양은 황홀하기 그지없고, 붉은 노을의 강렬함이 사라지고 찾아오는 한맥CC의 야경은 노블리아 마을의 여름이 왜 푸르고 아름다운지 알려 준다.

양탄자를 깔아 놓은 듯 잘 정돈된 잔디 위를 좋아하는 사람들과 함께 걸으며 이야기꽃을 피울 때면 심란했던 마음도 어느덧 차분해지기 마련이다.

간간히 찾아오는 모기들에게 먹이 감이 되어도 내성천에서 불어오는 청량한 바람으로 인해 가려움도 잊게 한다. 달빛 아래 펼쳐진 여름 풍경을 바라보며 하루의 피곤함을 씻어낸다.

개미집

　상추를 심어 놓은 텃밭 한 모퉁이에 작은 생명의 세계가 펼쳐진다. 검은 점처럼 보이는 개미들이 조용히 그리고 부지런히 땅속 깊이 자신들의 보금자리를 짓고 있다. 인간의 눈에는 깜깜하고 갑갑해 보이는 땅속이겠지만 그들에게는 질서와 협력의 공간이다. 전등도 없고 난방도 없지만 이 작은 존재들은 오랜 시간 그들만의 방식으로 견고한 터전을 만들어 왔다.

　오후에 세찬 소나기가 내린 지 한 시간쯤 지났다. 빗방울이 마구 떨어지고 땅이 촉촉하게 젖었을 때, 개미들의 집 그 작은 굴은 무너지고 빗물에 씻겨 내려갔을 것이라고 생각했지만 다시 보면 개미들은 아무렇지 않게 드나든다. 마치 폭풍이 지나간 후에도 변함없는 성을 지닌 고대 왕국처럼 말이다. 어떻게 그들이 자연의 위협 속에서도 이렇게 무너지지 않을 수 있을까?

　호기심이 고개를 든다. 땅을 살짝 파 보면 그 비밀을 알 수 있을까? 하지만 곰곰이 생각해 보면 이 작은 생명들이 수없이 많은 시간과 노력으로 쌓아 올린 집을 내 손으로 무너뜨리는 것은 너무도 가혹한 일이다. 침묵 속에서도 끊임없이 이어지는 개미들의 발자국, 그 질서와 조화 속에 담긴 자연의 신비를 가만히 지켜보는 것이 더 의미가 있지 않을까!

 지금도 개미들은 멀쩡하게 텃밭 한 모퉁이에서 자신들만의 세상을 살아가고 있다. 그들의 부지런함과 끈기는 보이지 않는 깊은 곳에서 더욱 견고하게 뿌리를 내리고 있을 것이다.

무섬마을 가는 길

무섬마을로 가는 길, 참 좋다
처음 가 보는 이 길이 내 인생을 닮아 있다

내성천 강변길을 달리다 보면
산길이 나오고 산길을 지나면 새로운 들길이 나온다

평지를 달리다 보면 다시 오르막길이 나오고
힘들게 그 오르막길을 오르고 나면
금방 내리막길이다

한 고개를 넘고 한 구비를 돌아서면
그다음 세상이 궁금해진다

우리들 인생처럼
어느새 다 왔다 싶으면 또 가야 할 길이 보이고

궁금했던 것을 보고 나면
왔던 길을 되돌아갈 길이 걱정이다

오랜만에 타는 자전거의 딱딱한 안장이
엉덩이를 아프게 하고 힘껏 밟는 페달로 인해
허벅지가 묵직하게 느껴지는 지금,

가을바람이 상쾌하게 불어와 참 좋다
가을 들꽃의 고귀한 색깔과 향기가 참 좋다
이름 모를 풀벌레 소리가 들려와 참 좋다

내성천을 보며 자연을 느끼는 지금이 참 좋다

잃어버린 내성천의 숨결

내성천은 이야기 속에서 흐른다

무섬마을 처마 끝에 걸린 바람
푸른 물길 굽이쳐 안아 주는 회룡포
삼강주막 옛 주인의 정겨운 손길

바람 따라 속삭이며 은빛 물결 춤추던 강물
그 빛나는 노래는 어디로 갔나

강 따라 흐르던 은빛 모래
햇살에 반짝이며 속삭이던 곳

사람들이 만든 높은 벽 하나로
그 속삭임은 바람 속에 갇혔다

물길을 가둔 손길은
강의 숨결을 잊게 하였고

흐름을 잃은 강물은

단지 기억으로만 남았다

넓은 모래밭은 갈대숲으로 변하여
강물의 속삭임 대신 고요가 흐르니
고라니와 꿩들의 발자국만 남는다

고라니는 갈대 사이로 사라지고
꿩의 울음은 깊어진 적막 속에 묻힌다

어느 날 다시 흐를까
어느 날 다시 노래할까

장마철 큰비가 내려야 비로소 숨을 쉬는
내성천 물길은 그리움을 안고
이제 꿈속에서만 흐른다

흐르지 못하는 한을 품고
원래 강이 품있던 영혼은 사라지지 않고
조용히 기다린다

들녘뷰

들판은 계절을 품고 너울진다

봄이면 잔잔하게 물대어
새 생명의 기운을 일깨우고

여름이면 세상을 덮는 초록의 바다 속에
마음이 넉넉해지고

가을이면 높은 하늘아래 황금물결 춤추는
아름다움에 눈이 부시고

겨울이면 하얀 눈에 덮여 고요에 잠긴 허허벌판에
까마귀 떼 날아다닌다

하늘은 너른 품으로 들녘을 감싸고
별빛은 조용히 내려와 숨결을 보듬는다

발자국마다 계절의 이야기가 스며들고

기억의 조각들이 흙 내음 속에 피어난다

바람 따라 흩날리는 시간 속에서
나는 들녘과 하나 되어 깊어진다

그래서 나는
시티뷰, 오션뷰, 리버뷰, 마운틴뷰 등
모두 다 아름답지만

사계절의 변화로 고향의 운치를 보여 주는
들녘뷰를 가장 좋아한다

내 고향 부석사

부석사 가는 길을 따라
사과 향 가득한 바람이 불고

은행잎 노란 물결 속에서
시간은 조용히 속삭인다

어린 날 손잡고 가을소풍 가던 길
친구들 웃음소리 바람에 실려 가고

그 길 끝에 서 있는 천년고찰은
내 기억 속 등불처럼 빛난다

무량수전을 오르는 돌계단을 밟을 때마다
마음 깊이 새겨진 추억이

청아하고 은은한 범종의 종소리와 함께
오랜 그리움으로 번진다

내 고향 부석사, 그 품 안에서
시간은 흐르지만 멈춘 듯

내 마음속 그 자리에서
언제나 따뜻하게 머문다

대자연의 힘

천둥소리와 번개의 섬광이 하늘을 가르고 순식간에 어두워진 세상은 마치 대자연이 분노한 듯 엄청난 광경을 연출했다. 두두둑 비와 함께 떨어지는 우박은 그 강렬한 존재를 알리며 땅을 타격하고 차의 창문을 두드리며 위협적인 소리를 내뿜는다. 한 치 앞도 예상할 수 없는 자연의 거친 흐름 앞에서 사람들은 차 안에서 몸을 움츠린 채 그저 빨리 지나가기만을 바랄 뿐이다.

들판에 심겨 있던 농작물들은 순식간에 파괴되고 애써 가꿔 온 농부의 손길도 허망하게 느껴지는 순간이다. 이토록 강렬한 변화를 보면서 자연은 인간이 결코 완벽히 예측하거나 통제할 수 없는 강대한 힘을 지닌 존재이며 그 거대한 흐름 속에서 우리는 겸손할 수밖에 없다.

자연은 인간이 결코 온전히 통제할 수 없는 압도적인 힘을 지니고 있다. 과학과 기술이 발전하면서 우리는 기후를 예측하고 재해를 대비할 수 있는 능력을 갖추어 왔지만 결국 자연이 분노할 때면 인간은 한없이 나약한 존재임을 깨닫게 된다.

　예를 들어, 태풍이나 허리케인은 거대한 회오리를 일으키며 도시를 삼켜 버리고 강한 바람과 폭우로 인해 인간이 세운 구조물도 순식간에 무너뜨린다. 지진은 땅을 흔들며 견고해 보였던 건물들을 쓰러뜨리고 쓰나미는 거대한 물결로 모든 것을 집어삼킨다. 가뭄은 대지를 메마르게 만들고 화재는 순식간에 숲을 태워 버린다. 이러한 자연재해들은 인간의 힘으로 저지할 수 없는 광경을 연출하며 인간이 얼마나 작은 존재인지 다시금 깨닫게 만든다.

　또한, 생태계의 균형 역시 인간이 쉽게 개입할 수 없는 부분이다. 인간이 환경을 파괴하고 자원을 과하게 사용할 때 자연은 그에 대한 반응을 보이며 기후 변화와 생태계 붕괴로 경고를 준다. 하지만 이러한 경고를 무시하면 결국 인간 스스로가 자연의 힘 앞에서 무력해질 수밖에 없다.

　이렇듯 자연은 인간이 겸손함을 잃지 않도록 끊임없이

경고를 보내고 있다. 우리는 자연을 이해하고 조화를 이루는 방법을 배워야 하며 그 힘을 억제하려 하기보다는 존중하며 공존하는 길을 찾아야 한다.

  잠시 몇 분 사이에 지나가는 우박을 보고 탄식하는 농부들은 다시 숨을 고르고 부서진 것을 다시 일으켜 세운다. 그리고 더 단단해지는 대지를 바라보며 우리는 언제나 새로운 시작을 기다린다.

가을, 기다림

　어느덧 입추가 지나고 오늘은 말복이다. 이제 처서도 가까워지고 저녁이면 제법 시원한 바람도 불어오고 귀뚜라미도 운다. 마당에 있는 소나무와 단풍나무들이 조금씩 흔들리기 시작하고 집주변 갈대 수풀 사이에 숨어 있는 참새들의 몸놀림이 제법 분주해지는 것 같다. 아직은 초록으로 가득한 들판의 벼들과 여물지 않은 콩들 사이에도 여기저기 바람 길이 만들어진다. 아침 일찍 일어나 동네 한 바퀴 돌면서 그동안 관심 주지 않았던 것들을 살핀다.

　이슬을 머금고 잡초들 사이에서 피어 있는 파란 달개비꽃과 노란 달맞이꽃 그리고 개망초에게 인사를 건넨다. 그동인 나름 정성을 보였던 텃밭에는 어지로 꽃을 피우고도 열매를 맺지 않고 있는 호박넝쿨과 작지만 발갛게 익어 새들의 먹이가 되고 있는 토마토를 보면서 뜨거웠던 여름이 지나가고 있음을 느끼게 한다. 하늘이 예뻐지고 아름다운 노을이 지고 난 뒤 내성천에서 불어오는 밤바람은 시원한 가을을 재촉하고 있다.

초록 융단의 선율

푸른 잔디 위에 바람이 부는 곳

그곳은 즐거운 마음의 쉼터
초록 융단에서 꾸는 꿈의 여정

드라이브샷의 힘찬 울림
바람을 가르는 완벽한 궤적

희망을 품은 흰 공은 춤을 추며
그린으로 향한다

벙커의 모래 속에서도
그린의 옆 경사마저도

도전의 즐거움으로
나를 미소 짓게 한다

클럽을 쥔 손끝의 떨림

한 타 한 타에 담긴 숨은 이야기

그 순간의 여유로움이
세상을 향한 작은 휴식이 된다

오후 4시

삶은
눈 깜박할 사이에 저만큼
사라져 간다

세월이 바람처럼 지나간 자리
아름다운 이야기 길로 이어지는 가을이
성큼 다가왔음을

어디서 왔다가
어디로 가는지도 모르는 바람이
알려 주고 있다

내성천 강변의 짙은 녹음이
고요한 수면 위에 수채화처럼 초록이 번진
강물 위로

늦여름의 가장 향기로운 오후가
지나가고 있다

저녁노을

동해바다 끝에서
새벽을 알리며 올라온 태양이
하루 내내 숨 가쁘게 달려와

서쪽 하늘 끝에 걸려 석양이 되어
내려다보고 있다

구름 사이로 한가득
물들어 있는 저녁노을이

장미 넝쿨 속
그네 의자에 앉아 있는

아내 얼굴을
곱게 물들이고 있다

코스모스 길

노을빛 스며든 코스모스 길을 걸으면 손끝에 닿는 가을 바람 속에 그리운 추억이 살며시 속삭인다. 바람에 흔들리던 꽃잎 하나 내 마음에도 살며시 닿았다. 잊은 줄 알았던 그날의 속삭임이 가을빛에 물들어 다시 피어나고, 손끝에 맺힌 기억의 조각들은 한 송이 꽃이 되어 흔들린다.

코스모스 길을 걷다 문득 깨닫는다. 그리움은 시들지 않고 마음 깊숙이 뿌리내린다는 것을 말이다. "코스모스 한들한들 피어 있는 길 향기로운 가을 길을 걸어갑니다."라는 노랫말을 흥얼거리다 보면 잊은 줄 알았던 그날의 속삭임은 서늘한 가을빛 속에서 다시 선명해지고 순수했던 날들이 분홍빛으로 흔들리며 다시 피어난다.

신이 처음 만들어 본 꽃이 코스모스라 한다. 뭔가 어설프지만 순정이라는 꽃말처럼 순수한 아름다움을 준다. 가을을 사랑했던 시인 윤동주는 "코스모스 앞에선 어렸을 적처럼 부끄러워진다"면서 "내 마음은 코스모스의 마음이요 코스모스의 마음은 내 마음이다"라고 고백했다.

가을 하늘을 보고 코스모스 꽃길이 생각나는 것은 여전히 간직하고 싶은 순수함이 있기 때문이다.

가을 타나 봐

머리가 아픕니다
이유는 모르겠습니다

가을을 타는 걸까요

뒹구는 낙엽을 보면서
누군가에게서 편지를 받고 싶은 마음이
간절해집니다

그리움

가을밤, 가을의 소리가 들린다

지난여름 푸르름으로 무리를 지어
힘 있게 서 있던 갈대들이

어느덧 백발이 되어
늦가을 찬바람에 서로의 몸을 부딪치며
세월의 아쉬움을 울음으로 토해낸다

서걱거리는 갈대의 구슬픈 노랫소리는
그리운 것을 더욱 그립게 하고,

어느새 지나간 것을
또다시 그리워지게 한다

달빛이 애잔하게 비치는 갈대숲으로
어린 고라니 한 마리가
후다닥 사라진다

가을남자

이른 아침,
가을 강이 피워 올린 몽환적인 안개로
온 세상이 하얗게 덮여 있습니다

모든 경계를 지워 버린
내성천의 짙은 안개 속에서
슬쩍슬쩍 드러나는 초가을 풍경은

먹을 찍어 농담(濃淡)으로 그려낸
한 폭의 수묵화입니다

가을빛으로 물든
화려한 단풍으로 들뜬
그러면서도 차분한 가을의 적막한 풍경을
그려 보면서

가을남자의 고독(考讀)을
느낍니다

겨울밤

싸락눈 내린 하얀 잔디밭 위에
어슴푸레 초승달 비추는데

첫사랑 그리워하는
고독한 풍경 속에

밤바람은
차가운 속삭임

달이 지고 나면
해가 뜨고

오랜 세월 지났지만
잊혀지지 않는

추억의 파편들

겨울의 서정

(1)
차가운 겨울바람이
매몰차게 불어오는데

저쪽 들판 가장자리에서
어느 할머니가 냉이를 캐고 있다

영하의 날씨에도
대지 위로 파릇하게 올라오는 냉이와

할머니의 굳은 손길에
겨울 서정이 드리워져 있다

이런 날에는 그저 쇠죽 끓이는 사랑방
절절 끓는 아랫목에 앉아

가슴 가득 서려 있는 따뜻한 정 나눌
어머니가 그립다

(2)
햇볕이 가득 드는
조용한 카페 창가에 앉아

따뜻한 커피 한 잔과
한 권의 책을 들고

입춘이 지나는 겨울 추위를
마주하고 있다

진한 커피향기에 취하면서
읽고 있는 책의 이야기 속으로
빠져드는 이 순간,

멀리 떠난 그대가
그리워진다

붉은 석양

서쪽 하늘 내성천 너머로
붉게 탄 얼굴 황홀한 모습으로

하루의 마지막을 아낌없이 태우고
오늘 일 다 하고 내일을 기약하는
속삭임을 남긴다

바람은 노을을 품고
잦아드는 햇살을 어루만지며
마당 끝 소나무 가지에 걸려 있는
풍경 소리 듣는다

지나간 시간은 흐름 속에 녹아
강물과 함께 흘러가지만
저 붉은 석양은 말한다

내일의 새벽은
또다시 찾아올 거라고

나의 마을 자랑

내가 사는 마을 앞에는 내성천이 흐른다.

햇살을 비추면 은빛으로 반짝이고 바람이 불면 잔잔한 결을 따라 물살이 일렁인다. 그 곁에 앉아 눈을 감으면 바람도 물소리도 나직이 속삭인다.

마을 뒤로는 초록 융단이 화려한 한맥CC 골프장이 있고, 저 멀리 보이는 소백산은 한 폭의 수묵화처럼 묵직하게 둘러서서 늘 우리 마을을 감싸안아 주고 있다. 이러한 풍경 속에서 사계절은 천천히 그러나 분명하게 삶에 스며든다.

봄이면 골프장 곳곳에서 영산홍이 피어나고, 진분홍 철쭉이 언덕을 붉게 물들이고, 하늘은 더없이 높고 푸르다. 유월이면 노란 금계국이 햇살을 닮은 웃음으로 가득 채우고, 그 사이로 나비 하나 바람 하나 잠시 나를 머물게 한다.

여름 장마 뒤 물살이 깊어진 내성천과 초록빛 숲은 더욱 진해져 숨결 하나에도 생명이 일어난다. 산은 푸름을 걸치고 산새들은 그늘 아래서 노래한다. 산책길에 내려앉은 햇살 조각들은 뺨에 닿기만 해도 여름 냄새가 난다.

  골프장의 잔디는 비에 젖어 더 푸르고, 매미 소리는 시간마저 더디게 만든다. 바람은 간혹 더위를 잊게 하고, 하늘엔 뭉게구름이 천천히 떠도는 오후, 잠시 소나무 그늘에 앉아 물가를 바라본다. 세상은 시끄럽지만 이 마을의 품에 들면 모두가 고요해진다.

  가을이 되면 은빛 물살 위로 단풍 그림자 흐르고, 낙엽은 강바닥을 살며시 덮으며 계절의 마지막 숨결을 전해 준다. 앞산과 뒷산은 붉은빛으로 타오르다 점차 고요한 회색빛 속으로 스며들고, 안개가 스치는 능선마다 바람이 머물며 하루의 이야기를 남긴다. 강변에는 갈대가 은빛 머리 흔들고, 골프장 페어웨이에도 계절이 걸어 다닌다. 가을 햇살은 부드럽고 따뜻해서 손끝에 닿기만 해도 마음이 놓인다.

  그러다 겨울이 다가오면 눈송이가 말없이 떨어지고, 나무들은 벌거벗은 채로 기품을 잃지 않으려 애쓴다. 얼어붙은 내성천 위엔 고요만이 흐르고 하얀 침묵들 속에서 나는 스스로를 마주한다.

  이 모든 계절이 지나고 나면 다시 봄을 기다린다.
  이 마을에 산다는 것, 내 삶이 자연과 닮아 간다는 것, 사계절의 얼굴을 날마다 마주하며 살아간다는 것, 계절은 늘 다르고 나는 그 안에서 조금씩 달라진다. 아무것도 하지 않아도 바라보고, 걷고, 숨 쉬는 것만으로도 하루하루가 시가 되어 내 안에 조용히 스며든다.

  그래서 오늘도 나는 감사하다.
  이 계절들, 이 마을 그리고 내성천 그 속에 내기 있다는 것이.

제3부
인생 여정

아픔과 기쁨을 품은
인생의 여정에서

걷고, 멈추고,
다시 걷는 길 위에

우리의 이야기도
머물러 있다

인생 여정

 가을비가 내린 후, 고개를 들면 높고 푸른 하늘을 볼 수 있다. 내 마음도 한때는 저 가을하늘처럼 꿈과 희망이 넘쳐나는 한없이 푸를 때도 있었다고 생각하니 흘러간 세월이 야속하기만 하다. 뜨거운 여름이 지나면 단풍이 아름다운 가을이 오듯 우리에게도 생을 다하고 떨어지는 낙엽처럼 모든 일들을 내려놓아야 할 때가 온다. 그 시기가 개인에 따라 조금 빠르거나 조금 느릴 수는 있어도 은퇴의 시간은 아무도 예외 없이 누구에게나 공평하게 찾아온다. 하지만 그 은퇴의 시기를 어떻게 맞이하고 보내야 하는지에 대해서는 저마다 다른 생각을 갖고 있을 것이다. 오래전부터 꿈꾸어 오던 전원생활을 일찍감치 시작하고 있는 나는 그래서인지 다른 사람들과 달리 그 은퇴의 시간이 두렵지가 않고 오히려 기다려졌다는 사실이다.

 온 세상이 가을빛으로 물들어 갈 즈음에 한해를 하루의 시간으로 비교하여 인생 여정을 생각해 보면, 나는 지금 석양이 아름다운 해질녘 무렵쯤에 와 있지 않을까 생각된다. 청명한 가을하늘, 흘러가는 뭉게구름, 바람에 살랑거리는 코스모스, 어느 것 하나 놓치기 싫은 가을 풍경을 보며 이제 남은 인생 여정을 어떻게 행복하게 보낼 것인가를 궁리해야겠다. 인생은 길다. 지금 가고 있는 길, 용기 내어 묵묵히 계속 가면 된다. 비 온 뒤 석양에 비친 구름이 내 마음을 닮아 있다.

나의 길

내가 가는 길을 바람은 묻지 않는다
어디로 가는지 왜 가는지

발길 닿는 대로 나는 떠나고 그 길은 열릴 것이다
누군가 오라고 하는 곳은 없어도 가고 싶은 곳은
많다

누군가의 부름 없이도
나는 나의 길을 찾아 헤매고

어쩌면 그것이 더 자유로운 것이고
초대받지 않아도 빛나는 발걸음이다

머무는 곳마다 작은 이야기로 채워지고
떠난 자리엔 내 흔적이 꽃처럼 남는다

갈 곳이 많고 가고 싶은 곳이 많다는 것은
세상이 나를 기다리고 있다는 뜻이다

마음속으로 떠나는 길이 있다면 그곳이 바로
목적지가 된다

그러니 나는
어디든 간다

나의 길은 나의 방식대로
그냥 흘러간다

인생이 다 그런 거다

첫사랑 추억

향기로운 바람이 불어오고
너의 웃음이 햇살처럼 스며들던 날

너는 언제나 그 자리에서
마치 봄이 머물다 가는 흔적처럼 아름다웠지

골목길을 돌아설 때마다
혹시 마주칠까 가슴이 두근대고

너의 웃음소리가 바람에 실리면
창문 틈새로 조용히 귀를 기울였었지

아직도 기억나
햇빛이 너의 머리카락 위로 쏟아질 때의 반짝임

손끝에 닿지 않는 거리에 있었지만
마음속에서는 누구보다 가까웠지

말 한마디 걸어 보지 못한 채 시간은 흘러갔고
멀리서 바라보는 것만으로도 행복했지

이름도 불러 보지 못한 채
그저 가슴속에 숨겨 두었던 설렘

오랜 세월 지나도 선명한 기억

첫사랑은 그렇게 내 가슴속에
한 장의 추억으로 남아

언제든 꺼내어 볼 수 있는
봄날이 되었다

일요일 오후

시간은 느리게 흐른다
텅 빈 마을 거리는 나른하고 지나가는 바람마저
조용하다

하고 싶은 것도 없고 그렇다고 싫은 것도 없는
그저 있는 그대로의 시간

어디론가 가야 할 이유도
누군가를 보고 싶거나 만나야 할 필요도 없고

무엇인가를 해야 한다는 압박도 없이
그저 이 순간에 머문다

거실 한쪽에 묻혀 있는 낮은 TV 소리,
배고픔도 크지 않고 무언가를 먹고 싶어 하는
마음도 없다

그저 냉장고 문을 열고 닫으며

스스로 존재함을 확인할 뿐이다

홀로 있지만 외롭지는 않고
조용한데도 공허하지는 않다

바쁘지도 않고 아무것도 하지 않지만 충만한 시간
심심하지 않아도 담백한 순간

햇살 한 줌, 바람 한 모금 마시며 앞마당 들마루에
앉아 있는 나의 하루는 꽃이 된다

가장 자유롭고 평화로운 일요일 오후가
지나가고 있다

모두가 흘러가도

구름도
강물도
계절도
인생도

세상은 모두가
흘러간다

흐르지 않고
변하지 않는 것이
있다면

너를 향해
멈춘

나의
마음이다

인생 60이 되는 동안

인생 60이 되는 동안

많은 것을 얻었고 많은 것을 잃었다
많이 즐거워했고 많이 울고 슬퍼도 했다
많은 것을 보았고 많은 것을 잊어버렸다

어려운 것도 많았고 쉬운 것도 많았다
많은 것을 좋아하고 많은 것을 싫어했다
많은 사람을 사랑했고 많은 사람에게 사랑받았다

칭찬도 많이 받았고 꾸지람도 많이 들었다
누군가를 욕도 하고 누군가에게 욕도 많이 먹었다
누군가를 업어 주기도 하고 누구 등에 업혀도 보았다

많이 경험했다
그런데 너무 빨리 지나갔다

이제는 좀 느리게 천천히 흘러갔으면…

하루 일과

골프도 치고
자전거도 타고
등산도 하고
여행도 간다

시도 쓰고
서예도 하고
그림도 그리고
목공도 한다

그리고
텃밭 농사도 짓고
요리도 해 보고
집안 청소와 빨래도 한다

은퇴하고 나서
하고 싶은 대로
맘껏 해 보려 애쓴다

안 하면 심심하니까!

잔소리 하는
마누라가 출근하여
다행이지만

그래도 해 질 무렵이면
마누라 퇴근하기만
기다린다

봉정사 가는 길목에서

가랑비가 내리는 고즈넉한 길 위로
봄빛이 물든다

초록을 머금은 늙은 느티나무에 머문 바람
고요 속에 스며들어

천년고찰 봉정사의 종소리 따라
마음도 함께 닦인다

천등산 허리 감도는 안개의 숨결은
마음속 그림이 된다

시간마저 천천히 흐르는 곳,
그림 속 풍경이 나를 안는다

이곳에서 나는 붓을 들고
자연과 대화하며

바람을 그리고 고요를 채색하고
마음을 수양한다

봉정사 가는 길목에서
세상의 모든 소란은 멀어지고

오직 나의 붓끝만이
그리움의 시간을 새긴다

그냥 그렇다고

배가 고파야
밥맛이 좋아지고

오르막을 올라야
내리막을 만나고

실패를 경험해야
성공의 기쁨이 찬란하고

헤어진 슬픔 뒤에
만남의 기쁨은 배가되고

절망을 이겨 내야
새로운 희망이 생기고

추운 겨울이 지나야
따뜻한 봄날이 오고

밤이 깊을수록
달빛은 은은하고

밝은 해가 떠오르면
달은 진다

그걸 누가 모르나
그냥 그렇다는 거지

연애하기 좋은 날

봄이 와도 마음은 아직 겨울
꽃이 피어도 그 화려함이 흐려진다

봄비는 조용히 창가를 두드리며
내 안의 외로움을 어루만진다

젖은 바람이 지나간 자리엔
오랜 기억들이 움트고

나는 문득 생각한다
봄의 따스함은 먼 곳에만 있지 않고

어느 순간 내 마음에도
조용히 피어날 수 있을 거라고

지금도 빗속에서 꽃들은 여전히 피어나고
그 향은 바람 따라 스며든다

봄비가 내려
쓸쓸함을 더욱 깊게 만들 때

그 빗소리와 함께
나를 잠시 쉬어 가게 두는 날로 한다

연애하기 좋은 날이다

내게 온 봄

개구리가 잠에서 깨어난다는 날 경칩,
조용한 시니어카페에 있다

소나무 위에 살며시 앉아 있던 흰 눈이
햇살 나오기 전에 잠시 솔잎 향기 맡으며 쉬려는데
질투하며 지나가던 바람이 흔적 없이 데려간다

길가 담벼락 밑으로
어제 내린 눈이 쌓여 있고,
잔디밭 마당에는 아지랑이 살짝 피어오른다

하늘에는 새털구름 모여들고
살랑살랑 부는 봄바람에 생수보다 맑은 공기
가슴속 씻어 준다

카페 사장님이 내어 주는
따뜻한 녹차와 삶은 고구마 한 개가
내게 온전히 봄을 가져왔다

얄미운 비

온 산과 마을이 한 줌 불길에 삼켜질 때
애타게 불렀건만 그때는 어디 있었니

간절한 기도가 바람 되어 너를 애타게 찾았건만
너는 귀 기울이지 않았지

오늘은 조용히 내려앉아 온 세상을 적시니
내게 비웃음 짓는 것 같구나

애타게 부를 때는 오지 않고
오늘은 주말 골프 약속 있다고

오지 말라 했는데 말 안 듣고 오는 너
참 얄미운 비

너도 억울하겠지
때를 놓친 죄로 욕먹는 것이
오늘 너를 맞으며 페어웨이를 걷는 나처럼

진료대기실

흰 벽 사이로 흐르는 고요한 숨결
기다림의 침묵 속엔 수많은 이야기들이 얽혀 있다

대기실에 앉아
진료를 기다리는 이들의 눈빛

누군가는 묵묵히 허공을 향해 깊은 생각을 던지고
누군가는 휴대폰 작은 화면 속 세상을 붙잡는다

한숨과 기대, 두려움이 한데 묻어난다
삶의 무게가 저마다 다르지만 이 공간 속에선 모두가
같아진다

진료실 문이 열리고 들려오는 웃음소리
흩어진 조각들 속 희망의 빛이 스며든다

의사와 환자의 담담한 대화 속엔
치유를 향한 작은 숨결이 깃들어 있다

차가운 복도 끝에서
따뜻한 온기가 피어난다

흰 벽 너머로 빛이 새어 나올 때
희망은 언제나 우리 곁에 머물러 있다

고통과 회복이 교차하는 이곳,
우리는 모두 치유를 꿈꾼다

오늘만은 완치다

멍 때린다는 건

(1)
창밖을 바라보다 문득 떠올랐다

어디선가
같은 하늘을 바라보는 그 사람

멍 때린다는 건

때로는 아무것도 하지 않음으로써
가장 깊이 그리워하는 방법이다

(2)

사람들 틈에서 문득 멍 때렸다

떠들썩한 세상 속에서도
나는 조용한 섬처럼 고립되었다

멍 때린다는 건

가끔 고요한 외로움의
이름이기도 하다

장맛비

하염없이 내리는 비

앞마당 들마루를 적시고
잔디밭의 속살을 어루만진다

밤새 운 운무의 고백처럼
쉬이 멈추지 못한 사연이 흘러내린다

지붕 끝에서 똑, 똑
세상에 맺히지 못한 말들이 떨어진다

그리움인가
아니면 오래 눌러 담은 마음의 눌변인가

이 비는
울지 않는다
그저 젖는다

바람조차 숨죽인 채

오직 땅만이 그 모든 무게를

안는다

비의 속삭임

창문 위에 떨어진 빗방울이
기억 하나씩 지워 간다

어젯밤 다툰 말,
돌이킬 수 없던 순간,
다 젖어 무르고 있다

고요한 풀잎 끝에서
비는 속삭인다

"잊어도 괜찮아."

살구꽃이 피었다

돌아갈 수 없는 아름답던 시절,
누구나 한 번쯤 경험했던 그 행복을
밤새워 떠올리다가

새벽 새소리에 깨어 일어난 아침,
문 열고 마당에 나와 보니
살구꽃이 피었다

돌아가지도 못하고
다시 볼 수가 없어도
아직도

너를
사랑해서
기쁘다

회상(봄, 여름, 가을, 겨울)

봄

봄바람이
불어오길래
그대 그리워하며

좁디좁은 가슴 한켠에
예쁜 꽃나무 한 그루
심어 두었다

여름

여름밤
소싯적 생각하며
아무도 보지 않을 것 같은
내성천 버드나무 밑에서

홀딱 벗고
개헤엄 치며
놀았다

가을

감나무 잎이
발갛게 익어 가면
순이 얼굴 떠오른다

지금 만나면
여전히 부끄러워
얼굴 붉게 물들까
궁금하다

겨울

첫눈 오는 날
만나자 약속했던
그녀 때문에

첫눈만 오면
초등학교 운동장이
생각난다

바람맞고
돌아왔지만

다시
한번
약속하고 싶다

좋은 소식, 나쁜 소식

아침에 까치 두 마리 날아와 한참을 울고 가더니
몇 년째 소식이 없던 친구한테서 전화가 왔다

반가워서 웃으면서 인사했더니 다짜고짜 첫마디가
그동안 왜 연락 안 했느냐고 내게 핀잔을 준다

전화 끊고 돌아서서
연락은 꼭 내가 먼저 해야 하는 건가 되묻는다

까치가 울면 좋은 소식 있다더니
요즘 까치는 힐 일을 제대로 하고 있는지 의심스럽다

오늘 아침에 온 까치는
좋은 소식을 가져온 걸까?
나쁜 소식을 가져온 걸까?

피식 웃으며
하늘 한번 쳐다본다

나뭇잎

나뭇잎이 빨간색, 노란색 등 저마다의 개성에 따라 화려한 모습으로 단풍이 들고 있다. 바람 불고 비 내리면 순서 없이 떨어지기 위해 새 옷 입고 마지막 변신을 시도한다. 나뭇잎은 떨어지지 않으려는 집착도 잃어버린 초록에 대한 아쉬움도 없기에 주저 없이 땅바닥에 내려앉아 낙엽이 된다. 때가 되면 낙엽이 되어 자연으로 돌아가는 것이 세상의 순리인 것을 알려 준다. 떨어진 낙엽을 보면서 어떻게 하면 잘 마무리하고 적당한 때에 물러날 수 있는지 그 지혜를 생각하고 인생을 배운다.

시작의 중요성

눈이 내린다
나무 위에 내리는 눈은
강물 위에 내리는 눈보다 오래 산다

강물에 내리는 눈은
내리는 순간 그 수명을 다하지만

나무 위에 내리는 눈은
지나가는 바람이 건들지 않으면
잠시지만 햇살을 보고 사라진다

옛날 어른들은
"사람은 지게작대기를 잘 꽂아야 한다."라는
지게작대기론을 말씀하셨다

처음 어디서 무엇을 시작하느냐가
중요하다는 그 깊은 뜻을
은퇴한 지금 이제서야 알게 된다

돈

남의 것
보지 마라

남의 것
보는 순간

힘들어
진다

사회생활 잘하려면
가끔은

돈이 있어도
없는 척

없어도
있는 척

해야

된다

돈은

돈다

내게

올 때까지

기다리면

된다

붓 끝에 머무는 그리움

미술관 창가에 앉아
흰 캔버스를 마주하면

마음속 이야기가 조용히 스며들어
색으로 선으로 살아난다

그리움이 짙은 색으로 번지고
외로움이 담담한 선으로 흐른다

어느 날은 푸른 하늘을 담고
어느 날은 노을빛 물든 그리움을 쓴다

한 획, 한 획 그어 나갈 때마다
내 안의 시간이 천천히 내 곁을 걷는다

노을빛 물든 추억을 덧칠하면
마음 한쪽이 따스해지고

바람에 흩날리는 기억을 담으면
외로움마저 아름다워진다

완벽하지 않아도 괜찮다
조용히 나를 닮아 가는 그림

세월이 쌓여 가는 붓질 속에서
내 마음이 빛난다

오늘도 나는
흰 캔버스 위에 하루의 일상을 채운다
붓 끝에 머무는 그리움과 함께

제4부
폭싹 속았수다

조용한
하루의 틈새에
스며든

일상 속
작은 숨결을
조심스레
꺼내 본다

폭싹 속았수다

한 줌의 시간 속에 피어난
오랜 정(情)의 따스한 손길
눈가에 스미는 아련한 기억들

마른 땅에 단비처럼
서툴렀던 사랑이 스며들고
함께 걷던 길 흔적을 남긴다

서로를 속이고 오해하고
미워하다가도 끝내 품어 주는 것
그것이 가족이라 했다

멀어졌다 다시 돌아오는 마음들
작은 한마디에 녹아내리는 서러움
서툰 위로에도 따뜻해지는 가슴

잊고 있던 정이 다시 피어나
한숨 섞인 웃음 속에 담기는

우리의 이야기

대사 한마디 한마디가 모두 시가 되고

보이는 화면마다 아주 잘 그린

수채화가 된다

"폭싹 속았수다"

우리는 이 드라마를 보고

서로를 끌어안는다

아내의 힘

나는 남자다

밥도 많이 먹고
고기도 많이 먹고
힘도 세다

그런데
여자인 아내에게
진다

사랑

새벽 잠결에
살며시 아내의 작은 손을
잡고 있을 때

나는
깊은 사랑을
느낀다

아내의 갱년기

어느 날 문득
그녀의 웃음이 바람처럼 흔들렸다

꽃잎처럼 가벼운 날도 있었고
무거운 구름을 담은 날도 있었다

나는 그 바람을 잡으려 애썼다
조용히 다가가 손을 내밀었지만
때로는 멀어지고 때로는 스치듯 지나갔다

그녀는 말없이 그 자리에 있었고
나는 그냥 그 곁을 지켰다

변해 가는 계절 속에서
서로의 온도를 맞추려 애쓰며
오늘도 그녀의 바람을 바라본다

흔들려도 괜찮아

흔들리는 바람 속에서도

나는 언제나 여기 그 자리에 있을 테니

후회

퇴근한 아내가 내게 묻는다
하루 종일 뭐 했느냐고

그래서 답한다
그냥 이것저것 했고
그리고 어디 좀 갔었다고

두루뭉술하게 답하거나
아니면 무거운 침묵으로 대한다

그러면 또 묻는다
뭐 먹고 지냈느냐고

또 답한다
아무거나 대충 먹었다고

생각해 보면 중요한 일을 한 것도 아니고
대단한 곳을 가지도 않았으며

아주 맛있는 것을 먹지도 않았다

너무 사소해서
말할 필요가 없다는 생각을 하고 있었는지
모른다

무성의한 태도와
애매한 답변을 하는 무례함은
결국 아내의 외면으로 돌아온다

오늘 하루를
후회로 마무리한다

그리운 어머니

꽃 피는 봄날에
그리움이 깃든 깊은 마음을 담아
당신을 떠올립니다

연둣빛 새싹 사이로
불어오던 따스한 바람처럼
나를 감싸던 그 손길, 그 목소리

부엌 한켠에서 지펴지던
정겨운 불빛 그 속에서 피어나던
사랑의 향기

한 숟갈 가득 담아 주던 온기
그 맛이 그리워지는
오늘입니다

시간이 흐르고 나이가 들어도
당신의 말 한마디

웃음 한 번

내 가슴속에 깊이 새겨져
여전히 나를 살게
합니다

멀리서
하늘 너머에서
지금도 나를 바라보고 계시나요

꽃잎에 내려앉은 바람을 타고
당신의 따뜻한 마음이
내 가슴속 깊이 들어옵니다

어머니! 그리움 속에서
당신을 너무 보고 싶습니다
사랑합니다

어머니의 보석함

아버지가 살던 사랑방에는
커다란 괘종벽시계가 걸려 있다

정확하게 하루 두 번 맞는 벽시계는
멈춘 지가 제법 오래되었다

아버지께 버리자고 몇 번 말씀드렸지만
버리면 그 자리가 허전하시다면서
그냥 두라고 하셨다

아버지 돌아가신 후,
방 정리하면서 벽시계를 열었더니

손수건에 곱게 싸여 있는 실반지 하나와
어머니와 막내아들이 함께 찍은
졸업사진 한 장이 있다

벽시계는 십 년 전

아버지보다 먼저 하늘나라 가신

어머니의 보석함이었다

딸아! 힘들지

힘든 오늘도 힘들어할 내일도
그저 그냥 열심히 살다 보면 어제가 되고
또 추억이 된다

딸아! 힘들지
내가 자연에 살다 보니 알게 되는 게 많다

작년 폭염에 말라 죽은 줄 알았던
어린 감나무가 올봄에 또 새싹을 틔우고 있더구나

빨갛게 감나무 잎이 익어 가는
가을이 오면 우리들의 가슴은 뛰고,
또 언제 힘들어했었는지 뒤돌아보게 되겠지

그것이 우리의 인생 아니겠니?
매일같이 힘들어해도 어떤 날은 그래도
웃으며 보내는 날도 있으니

지금 힘들어도 그냥 애써 살다 보면
즐거운 날도 오기 마련이다

딸아!
정말 힘들면 돌아오면 되지
아빠가 있잖아

돌아올 곳이 있다는 건
우리 인생을 얼마나 안심하게 만드는 것인지
딸은 아직 모를 거야

나태주 시인은 "성공은 내가 되고 싶은 내가 되는 것이다."라고 말했어

그냥 하루하루 열심히 살다 보면
성공한 인생은 되기 어려울지 몰라도
그래도 실패한 인생은 아니지 않을까!

딸아! 우리 힘내자

그리고 행복하자

산다는 건 어제도 내일도 아닌

오늘이 행복해야 하니까

사랑한다. 우리 딸!

식구

가족
친구
직장 동료
학교 선후배
그리고
동네 사람들

모두
나의 식구다

같이
함께
밥 먹는
밥 먹었던
사람들이니까!

설거지론

  일상의 작은 일들은 단순히 반복되는 작업이 아니라 삶의 질서를 유지하고 마음의 균형을 잡아 주는 중요한 역할을 한다. 설거지는 단순한 물과 비누의 움직임이지만 그 속에는 정리하고 정돈하는 의미가 담겨 있다. 더러운 그릇을 깨끗하게 만드는 과정 속에서 우리는 한 걸음을 정리하고 새로운 시작을 준비하는 마음을 갖게 된다.

  일상적인 일들은 우리에게 일정한 리듬을 제공한다. 규칙적으로 반복되는 행동이 삶을 안정적으로 유지해 주고 하루를 의미 있게 채워 준다. 어떤 사람에게는 명상을 하는 것처럼 작은 일들 속에서 평온을 찾기도 한다. 게다가 이런 일들은 사랑과 배려의 표현이 될 수도 있다. 가족을 위해 요리를 하고, 집을 정돈하며, 작은 일들을 묵묵히 해내는 것 자체가 서로를 위한 마음이 깃든 행동이다.

  일상적인 일들의 의미는 결국 우리 삶을 풍요롭게 만드는 것이다. 작은 일을 소중히 여기며 살아가다 보면 인생은 조금 더 따뜻하게 다가올 것이다. 설거지 속에서 찾아낸 작고 단순한 즐거움은 삶에 기분 좋은 균형을 주는 아름다운 순간이다.

시니어모델을 꿈꾸며

거울 속 나를 바라보니
세월의 흔적이 빛처럼 흐르네

그러나 그 속에 숨겨진 빛
아직 피어나지 않은 꿈이 있어

무대 위 당당한 걸음걸이
빛나는 미소, 자신감 가득한 눈빛

그들을 보며 가슴이 뛰고
나도, 나도 저렇게 설 수 있을까

부끄러움이란 바람 같은 것
한번 흔들리면 쉬이 멀어지는 법

조금씩 용기를 모아 한 걸음 내디디면
세상도 달라지겠지

내 안의 빛을 믿어 볼까

조금은 서툴러도 괜찮아

멋진 나를 향해 걸어가는 길

이제 막 시작될 테니까

사랑의 시간

처음엔
너의 이름을 부르기만 해도 가슴이 설레고
하루하루가 봄꽃처럼 향기로웠다

그 다음엔
손끝이 닿기만 해도 세상이 멈췄고
우리의 웃음은 여름 소나기처럼 쏟아졌다

가을이 오자 우리는 많은 것을 알게 되었고
조금은 말이 줄어들고 때로는 모르는 척하는 것도
배웠다

그러다 겨울이 오면 이젠 말하지 않아도
마음이 먼저 알아차리고 침묵 속에서도 함께 있다는
사실 하나로 따뜻해진다

사랑은 그렇게 꽃에서 눈까지,
설렘에서 평안까지

계절마다의 모습은 달라도

내 곁을 지키는 너 하나로 완성되어 가는

이야기가 된다

돈까스의 유혹

세월이 흘러도 변하지 않는 맛
내 마음속 영원한 별미

맛집 골목을 조용히 누비며
숨겨 둔 행복을 찾아가는 길

아내 몰래 스며든 작은 모험
내 입가에는 웃음이 가득

한입 베어 문 그 순간
바삭한 소리와 함께 퍼지는 풍미

돈까스 한 조각,
그 순간의 즐거움

소소한 행복이
바삭하게 피어난다

오늘 홀로 남긴 조용한 흔적
나는 여전히 어린아이처럼 웃고 있다

돼지고기 먹고 돼지 꿈 꾸고
카페 벽면에 쓰여 있는 글이
가슴에 스민다

나이가 들수록 자주 가야 하는 곳

모처럼 미용실에 가다.

미용실 유리문을 밀고 들어서자 향긋한 샴푸 냄새와 함께 작은 인사말이 반긴다. 인터넷으로 예약을 하고 온 건 처음이지만 마치 오래된 단골처럼 커피와 과자 등 간식을 내어 주고 따뜻한 미소가 자리 잡는다.

거울 앞에 앉아 나를 마주한다.
이마 근처부터 소복소복 내려앉은 흰머리를 그저 조용히 쓰다듬으며 세월이 그려낸 풍경을 보고 웃는다.

"젊은 스타일로 깔끔하게 해 드릴까요?"라는 미용사의 질문에 나는 웃으며 고개를 젓는다. "아뇨, 지금 이대로 조금만 다듬어 주세요."

너무 깔끔하게 짧게 자르면 다음 방문이 늦어진다는 작은 농담 하나 보태고는 서로 웃음 띤 채 시간을 나눈다. 가위를 든 손길이 부드럽게 지나고 따뜻한 커피 한 모금에 마음이 놓인다.

여기서 나는 오늘도 내가 누구인지 잊지 않는다. 나는 나를 가꾸고, 나를 다듬는다. 나이가 들수록 자주 가야 하는 곳이 미용실이라는 것을 오늘 알게 된 것이 참 고마운 일이다.

작지만 사소한 친절이 꽃피는 오후, 나는 다시 가벼운 발걸음으로 거리를 나선다. 햇살이 유난히 눈부신 날이다.

혼밥

일단 집에서 나와 차를 탔다
집에는 먹을 게 없었고, 배는 고프다
오던 비는 그쳤고 구름은 맑은 색으로 변했다

먹고 싶고, 가고 싶은 곳이 떠오르지 않아
무작정 읍내 시장으로 간다

순대국밥, 콩나물밥, 버섯찌개, 자장면
아니면 갓 구운 소금빵과 커피 한잔

시장까지 가는 동안 뭘 먹을지 결정하지 못하는
결정 장애에 시달렸다

결국 공영주차장에 주차하고
무작정 이 집 저 집 기웃거리다가
손님이 없는 가장 조용한 집에 들어갔다

순대국밥집

잠시 후,

손님이 없는 이유를 알았다

오늘도

혼밥이 힘들다

청국장 비빔밥

솥뚜껑 들추면 퍼지는 깊은 향
바람결에 실려 온 고향의 냄새

구수한 청국장 한술 뜨면
엄마 손맛이 혀끝에서 피어나고

상추 한 장, 풋마늘 쌉싸름한 맛
봄날 흙 내음 가득 품은 겉절이

두 손 모아 정성껏 비벼낸 한 그릇
시간을 우려낸 듯 깊고 넉넉한 맛

입안을 감싸는 따뜻한 추억
혀끝에서 마음까지 배어드는 온기

고향을 닮은 이 한 그릇 속에서
그리운 날들이 머문다

사모

너를
좋아하는 마음이
바람과 같아

널 만나러
두꺼운 외투 걸치고
나왔지만

가슴속으로 파고드는
바람은 미친 듯이 휘몰아치는
겨울 광풍과 같다

바람이 불어
사랑이
찾아왔다

꿈을 굽는 진혁에게

바람이 스치듯 지나가는 아침,
가게 문을 여는 너의 손끝에 햇살이 다정하게
내려앉는다

밀가루 한 줌, 물 한 방울 속에 너의 꿈이 숨 쉬고
오븐 속 불꽃은 너의 하루를 따뜻하게 익힌다

진혁아!
너의 길은 강물처럼 흐르고 있다

때로는 바위에 부딪치고
때로는 잔잔한 물결이 되어 머무르지만

결국 넓은 바다로 닿을 길이니
조급해하지 말고 그 흐름을 믿어라

한 조각의 피자가 누군가의 웃음을 만들고
너의 노력은 하루의 온기를 남기니

오늘도 한 걸음 더 내디뎌라

손님이 뜸한 날도 있을 것이고
길이 험한 날도 있을 테지만

너의 손끝에서 만들어지는 따뜻한 맛은
언제나 사람들의 마음을 채울 것이다

너는 단순히 피자를 만드는 것이 아니다
너는 꿈을 굽고, 세상에 너만의 빛을 더하는 것이다

나는 언제나 너를 보고 응원하고 있다

너의 빛이 머무는 곳에서
너의 꿈이 피어나는 곳에서

자장면 추억

 중국집 문을 열고 들어서는 건 단지 자장면을 먹기 위해서였다. 점심시간, 봉정사 가는 길목에 하나뿐인 반점은 이미 사람들로 가득 차 있다. 가만히 서서 자리를 기다리는데 이상하게도 이 북적임이 싫지만은 않았다. 어쩌면 그만큼 맛있는 집이라는 무언의 보증처럼 느껴졌는가 보다.

 자장면 곱빼기를 주문한 건 허기 때문만은 아니었다. 어릴 적 자장면을 먹을 때면 항상 그 양이 모자랐던 기억, 그 부족했던 시절을 채우는 듯 마음마저 부풀었다.

 기다리는 동안 주방 안에서 들려오는 주인아줌마의 짜증 섞인 목소리에 마음 한쪽이 살짝 찌그러졌지만 잠시 뒤 내 앞에 놓인 자장면은 마치 시간여행을 다녀온 듯했다.

 달콤하고 짭조름한 소스, 촉촉이 윤기 도는 면발, 그 위에 소복하게 얹힌 추억 한 덩어리, 첫입에 퍼지는 익숙한 맛은 순간 마음속 구겨진 감정을 하나씩 펴 주고 있었다.

곱빼기 한 그릇을 뚝딱 해치운 뒤, 다시 식당을 둘러보았다. 여전히 분주하고 여전히 시끄러웠지만 내 마음은 고요했다. 음식 하나로 이렇게 단정하게 하루를 정리해 주는 순간도 드물다. 그날의 자장면은 단순한 점심이 아니라 내가 지나온 시간과 감정을 조용히 끌어안아 준 작은 선물이었다.

떠나며 돌아본 식당 유리창 속 내 표정엔 다시 햇살이 비친다.

친구 모임

오랜만에 만났다
어릴 적부터 시작된 우리들의 이야기

시간이 흐르고 세월이 쌓여도
호탕한 우리 웃음소리는 변함이 없다

염색하지 않은 흰머리와
눈가에 깊게 패인 주름을 보면서

서로의 외모를 평가하며 웃어 보는
낡은 우정을 되새긴다

술잔 속에 넘실대는 추억들
한마디 한마디가 삶의 한 페이지

누군가는 여전히 도전을 향해 달리고
누군가는 쉼의 의미를 배우고 있다

우린 모두 다른 길을 걸었지만
다시 만나면 언제나 그때 그 모습

앞으로 이런 모임 몇 번 더 할 수 있을까
손으로 세어 보려다 그냥 웃어넘긴다

오늘이 영원할 수 없다는 걸 알기에
더욱 깊게 새기고 가슴에 품는다

그리운 이름들, 변치 않는 마음들
우정은 그대로 흐른다

흘러가며 피어나는 것들

ⓒ 남창호, 2025

초판 1쇄 발행 2025년 9월 19일

지은이　　남창호
펴낸이　　이기봉
편집　　　좋은땅 편집팀
펴낸곳　　도서출판 좋은땅
주소　　　서울특별시 마포구 양화로12길 26 지월드빌딩 (서교동 395-7)
전화　　　02)374-8616~7
팩스　　　02)374-8614
이메일　　gworldbook@naver.com
홈페이지　www.g-world.co.kr

ISBN　979-11-388-4726-1 (03810)

- 가격은 뒤표지에 있습니다.
- 이 책은 저작권법에 의하여 보호를 받는 저작물이므로 무단 전재와 복제를 금합니다.
- 파본은 구입하신 서점에서 교환해 드립니다.